अनकहे अल्फ़ाज़

मरयम रहमान

"विशेष रूप से इंसानी भावनाओं को समर्पित"

क्रम-सूची

प्रस्तावना — vii

पावती (स्वीकृति) — ix

1. पिता — 1

2. माँ — 2

3. भाग - 1 — 3

खण्ड 1

खण्ड 2

खण्ड 3

खण्ड 4

खण्ड 5

4. भाग - 2 — 15

खण्ड 6

खण्ड 7

खण्ड 8

खण्ड 9

खण्ड 10

5. भाग - 3 — 27

खण्ड 11

खण्ड 12

खण्ड 13

खण्ड 14

खण्ड 15

6. भाग - 4 — 39

खण्ड 16

क्रम-सूची

खण्ड 17

खण्ड 18

खण्ड 19

खण्ड 20

खण्ड 21

खण्ड 22

खण्ड 23

खण्ड 24

खण्ड 25

खण्ड 26

खण्ड 27

खण्ड 28

   7. भाग - 5   67

खण्ड 29

उपसंहार

प्रस्तावना

प्यार | मोहब्बत | इश्क | जुनून
उलझन | धोखा | नफ़रत | बैसुकून
जुदाई | तन्हाई | रुसवाई | इकलाई
स्वार्थपरता | आत्मरति | आत्मसम्मान | ख़ुदगरज़ी

पावती (स्वीकृति)

प्रत्येक व्यक्ति जो मुझसे जुड़ा हुआ है मेरी यात्रा में महत्वपूर्ण भूमिका निभाता है। वह भी जो मुझसे प्यार करते हैं तथा वह भी जो मुझसे नफरत करते हैं। जिन्होंने मेरा साथ दिया वह भी तथा जिन्होंने मुझे धोखा दिया वह भी। सभी ने मुझे जीवन का एक सुंदर पाठ पढ़ाया है जिसके कारण आज मैं इस सम्मानित मंच पर हूं। मेरे जीवन में मौजूद सभी लोगों को बहुत-बहुत धन्यवाद, चाहे वह वो हो जो मुझ पर गर्व करते हैं या फिर वो जो मुझसे ईर्ष्या रखते हैं।

सभी पाठकों का हृदय की गहराइयों से आभार।

1. पिता

वह खुद उदास होकर
अक्सर हमें हंसा दिया करते हैं,
ज़रूरतो को अपनी नजरंदाज कर,
वह हमारी खुवाहीशो को मंज़िल दिला दिया करते हैं।
वह हमारे वालिद साहब,
अपनी ज़िन्दगी को अक्सर हमारे लिए कुर्बान कर दिया करते हैं।
हां! हमारे लिए कुर्बान कर दिया करते हैं।

2. माँ

एक शख्सियत जो पूरा घर संभालती है,
वो जो पूरे दिन हमारे लिए काम करती है,
और खुद भूखी सो जाती है,
हमारी ज़िन्दगी संवारते - संवारते जो खुद मुरझा जाती है,
और हाथ जलने पर भी जो मुस्कुरा जाती है,
दुनिया भर की खुशियां
अपने आंचल में समेट जो हमे बाट देती है,
वो खुद सिर्फ दो लफ्जो में समा जाती है - माँ

3. भाग - 1

मैंने एक उम्र खर्च की है तुम पर
तुम मेरा कीमती एहसासा हो
एक तो खौफ भी हो दुनियां का
और मोहब्बत भी बे-तहाशा हो।
- नासाज़ (परीज़ाद)

कुछ ख़ास है तू,
मेरे दिल की एक आवाज़ है तू।

तुझे जो में देखलू,
ये दुनिया थम सी जाती है,
तेरे पैग़ाम को देख,
मेरी किस्मत चमक सी जाती है।

तू साथ हो तो,
हर मुश्किल आसान हो जाती है,
दूर जो हो,
तो आंखें नम हो जाती हैं।

मेरी ज़िंदगी के काटो में,
गुलाब सा खूबसूरत पत्ता है तू,
मेरे दुख को राख जो करदे,
वैसी एक आग है तू।

मेरी मुस्कुराहट की,
एक ख़ास वजह है तू,
मेरे आंसुओ को मोती जो बनादे,
वो इंसान है तू।

तारीफे जिसकी कभी ख़तम ना हों,
ऐसा चमकता नूर है तू,
कमियां भी जिसकी खूबसूरत लगे,
एक ऐसा एहसास है तू।

हां मेरी जान ! मेरे लिए कुछ ख़ास है तू,
मेरे दिल की एक आवाज़ है तू।

मुश्किलों में मेरी,
वो सहारा बन:ना तेरा,
मेरे रूठ जाने पे,
वो मनाना तेरा।

बात - बात पे मेरी,
वो मुस्कुराना तेरा,
आंसुओ को मेरे,
वो खुशी में तब्दील करना तेरा।

हाय..!
कमाल है।

हमें देख,
पहले वो मुस्कुराना तुम्हारा,

और फिर हमे भी हसता देख,
वो खिलखिलाना तुम्हारा,

आज भी याद है हमें,
हमारी आंखों में देख,
वो शरमा जाना तुम्हारा।

परिंदे सी मैं,
पिंजरे सा तू,

और मोहब्बत ऐसी,
की आज़ादी छोड़,
सारी उम्र कैद में गुज़ार दूं।

सजदो में,
तुम्हारा नाम लेने से मुझे इश्क़ है।
अपने हर लम्हें पे,
तुम्हारा हक़ मान लेने से मुझे इश्क़ है।

खुद की मुस्कुराहट को,
तुम्हारा नाम दे देने से मुझे इश्क़ है।
मेरी आंखों में देख,
तुम्हारे शरमा जाने वाले चेहरे से मुझे इश्क़ है।

तहज्जुद के वक़्त,
तुम्हारे गिरते आंसुओ से मुझे इश्क़ है।
खुदा की तरफ से नवाज़ी हुई,
तुम्हारी नूरानी खुशबू से मुझे इश्क़ है।

4. भाग - 2

रंजिश ही सही दिल ही दुखाने के लिए आ,
आ फिर से मुझे छोड़ के जाने के लिए आ।
— अहमद फ़राज़

दीवानें हैं हम तेरे उस लेहजे के,
जो हमें सारी रात रुलाता है,
तेरे इतना सताने के बाद भी,
यह दिल सिर्फ तेरा होना चाहता है।

जानते हैं बहुत तकलीफ़ है इस इश्क़ में,
फिर भी यह दिल तेरी धड़कने मांगता है,
क्योंकि शायद अब,
हमारा दिल भी दर्द में मुस्कुराना जानता है।

जब तू सुकून की नींद सो रहा होता है,
मै अपनी सिसकियों की आवाज़ दबा रही होती हूं।

ज़िन्दगी तूने बनादी मेरी अब ऐसी है,
की खुद को आयने में देख मै अब रो पड़ती हूं।

वह शख्स छोड़ गया तन्हा हमें,
परेशानियों के अंधेरे में।

मगर हम पागल..!

उसके इंतज़ार में बैठ,
आज तक हकीक़त ठुकरा रहे हैं।

कुछ इस तरह चाहा था हमने तुम्हे,
अपने हर लम्हें में..
सिर्फ तुम्हे ही मांगा था हमने।

गुरूर था हमे, हमारे इस रिश्ते पर,
मगर शायद..
यही एक गुनाह था हमारे ईमान पर।

अपनी जान हाज़िर की थी हमने,
तुम्हारे नाम के सिर्फ एक हर्फ पर,
और तुमने हमारी खामियां तालाश की,
मोहब्बत को नज़र अंदाज़ कर।

तरसते रहे हम तुम्हारी तावाज्जो के लिए,
मगर तुम तड़पाते रहे हमे अपने वक़्त के लिए।

ना समझ शायद हम ही थे,
जो बेरूखी को अपनाईयत समझते रहे,
और तुम बस....
हमसे दूर जाने के बहाने ढूंढते रहे।

वक़्त काफी गुज़र गया है,
दुनिया बुरी लगती है,
और अब रिश्ते भी झूठे लगते हैं।

मायूस होना तो नहीं चाहते तुम्हारी जुदाई पर,
मगर फिर भी कभी - कभी..
आंखें नम हो जाती हैं तुम्हे याद कर।

ना चाहते हुए भी,
हर पल तुम्हारी याद आती है,
और यह ज़ालिम यादें,
हमे एक बार फिर तबाह कर जाती हैं।

सोचा बहुत की तुमसे नफरत ही करलें,
मगर, यह जान.. हमारी यह जान,
पता नहीं क्यों..
सिर्फ तुम्हारे लिए कुर्बान होना चाहती है।

कलम में सियहि आज भी है,
मगर अब ज़ुबान पर अल्फ़ाज़ नहीं,

दिल में मोहब्बत आज भी है,
मगर अब जताने की आस नहीं।

5. भाग - 3

सब जुर्म मेरी ज़ात से मंसूब हैं मोहसिन,
क्या मेरे सिवा इस शहर में मासूम हैं सारे।
- मोहसिन नक़वी

सबको पूरा कर उसने खुद को अधूरा पाया है,
लोगो की मुश्किलात में उनका सहारा बन,
उसने खुद के लिए सिर्फ खुदा को पाया है।

लोगो की तिजोरियां बन,
उसने खुद के खज़ाने को लुट:ता हुआ पाया है,
दिल में कोई बुराई ना रख कर भी,
उसने दुनिया को
उसके शहर की हवा में ज़हेर उड़ाते हुए पाया है।

हर शख़्स के साथ हमदर्दी करके भी,
उसने दुनिया को
उसके लिए बुरा बोलता हुआ ही पाया है,
लोगो को अपना मान कर भी,
उसने खुद को सब के लिए पराया पाया है।

उनकी हर उलझन में मौजूद होकर,
उसने खुद के लिए
उन्हें हमेशा मसरूफ पाया है।
सबकी इज़्ज़त करके भी,
उसने दुनिया को
उसे बदनाम करता हुआ पाया है।

हर शख़्स की
फितरत को पहचान कर भी,
उसने दुनिया में
खुद को नासमझ दिखाया है।
लोगो के दिलो में,
खुद के लिए बुराई देख कर भी,

उसने उन पर प्यार लुटाया है।

अपनो की खुशी के लिए,
अपनी खुवाबो की इमारत को
उसने खुद ही तुड़वाया है।
दिल की उलझनों में भी,
उसका चेहरा हमेशा मुस्कुराया है।

सबके दिलो का हाल समझ कर भी,
उसने अपने हाल के लिए
लोगो को नासमझ पाया है,
ये वो दास्तां है,
जिसमे मुसन्नीफ ने
लफ़्ज़ों की आड़ में बहुत कुछ छुपाया है।

क्यों तन्हाई के सिवा कोई मेरा दोस्त नहीं,
क्यों अंधेरे के सिवा कोई मेरा हमदर्द नहीं..?

हमेशा क्यों मुझे ही गलत माना जाता है,
क्यों हमेशा मुझे ही सब कुछ सहना पड़ता है..?

क्या मुझे खुश रहने का हक़ नहीं,
या सुकून मेरे नसीब में नहीं..?

क्यों कोई मुझे समझता नहीं,
और समझें तो क्या
गलत के सिवा मुझमें कुछ नहीं..?

क्या मेरा अक्स किसी को पसंद नहीं,
या मेरे अश्क किसी को दिखते नहीं..?

क्या मेरे पास दिल नहीं,
या मेरे जज़्बात से किसी को मतलब नहीं..?

क्यों किसी के पास मेरे लिए वक़्त नहीं,
क्या मुझे खुश रहने का हक़ नहीं..?

सुनो, ये एक ऐसी हवेली की कहानी है,
जहां अब रहती सिर्फ एक ही रानी है।
उस हवेली में अब कुछ इस क़दर वीरानी है,
की कानों को बस..
घड़ी की टिक-टिक ही सुनाई आनी है।

वो हस्ना, वो रोना, वो रूठना, वो मनाना,
यह सब बस अब यादें पुरानी हैं,
क्योंकि वहां अब रहती सिर्फ एक ही रानी है।

हां..! उस हवेली में
अब कुछ इस क़दर वीरानी है..
की गिर जाए अगर एक सुई भी,
तो उसे अब वह खुद ही उठानी है।

ना चलती अब कोई शरारत है,
ना चलता कोई बहाना है..
वो खुद ही खुद को बेहलाती है,
वो खुद ही खुद को मनाती है।

कभी वो आयने में देख मुस्काती है,
कभी वो पन्नों पे लिखती अपनी कहानी है,
हां उस हवेली में सिर्फ वीरानी है,
जहां अब रहती सिर्फ एक ही रानी है।

रूह से जिस्म तक तन्हा हूं मैं,
खामोशी के साथ चीख जाने वाला लम्हा हूं मैं।

अंधेरे का साथ देने वाला साया हूं मैं,
रोशनी को चमका देने वाला सरमाया हूं मैं।

कमियों से भरा झोला हूं मैं,
हर शख़्स की आंखों में..
चुभने वाला काटा हूं मैं।

नफरतों से बना एक ऊंचा पहाड़ हूं मैं,
मोहब्बत के लिए तरसता हुआ तालाब हूं मैं।

थोड़ी झल्ली हूं मगर मासूम हूं,
कोई गुस्सा करे तो रो पड़ती हूं,
मगर खुद में भी एक भुकंप रखती हूं।

बेवजह मै मुस्कुरा देती हूं,
और कोई करे दो बातें प्यार से तो..
खुशी से मै झूम उठती हूं।

कुछ लोगो का बुराई करने का मौज़ू हूं,
तो कुछ की आंखों का मै तारा हूं।
कभी ताने सुन कर मै मुरझा जाती हूं,
तो कभी तारीफ सुन कर मै खिल खिला जाती हूं।

हर शख्स के साथ मै एक कायदा रखती हूं,
किसी के साथ खामोशी,
तो किसी के साथ बातो का तूफान रखती हूं।

हां..! मै ऐसी हूं,
लबों पे कड़वाहट और,
दिल में प्यार रखती हूं।
मै अपने जज़्बातो को अक्सर,
छुपाए रखती हूं।

6. भाग - 4

जुबां तो खोल, नजर तो मिला, जवाब तो दे..
मैं कितनी बार लुटा हूँ, हिसाब तो दे।
- राहत इंदौरी

एक तेरे खातिर ही तो ज़िल्लत झेली थी,
इधर तूने साथ छोड़ा - उधर मैने बस्ती जलादी।

इश्क़ से हमारे बेज़ार हो गए हो शायद,
बयान यह तुम्हारा सुलूक कर रहा है।

कुछ इस तरह सब्र किया मैंने,
ना नाराज़गी जताई,
ना किसी को पलट कर कुछ जवाब दिया मैंने।

बेक़द्री तो ज़ाहिर थी जनाब,
इश्क़ बेशुमार जो किया था।

तुम्हे याद ना करने की तोहमत तो हमपे लगादी,
अब एक दफा,
खुद के दिल में बसी बेरुखी पर भी नज़र डाल लो।

उन्होंने मज़ाक - मज़ाक में साथ छोड़ दिया,

बस....फिर क्या,

हमने भी मुस्कुरा कर टाल दिया।

यह दुनिया दिखावे की जगह है जनाब,
यहां लोग तस्वीर भी खिंच्वाते हैं तो,
खुशबू लगा कर।

वह कहता था,
ज़िन्दगी में मेरी सुकून भर देगा।
फरेबी, जो था वो भी छीन कर ले गया।

मुनासिब है गलत होना मेरा,
मगर मेरी जान....
तालियां एक हाथ से नहीं बजा करती।

कतरा - कतरा करके बिखेरा तुमने हमें,

ना सुकून से जीने दिया,
और ना ही तुमने मरने दिया हमे।

मेरी जान....
बड़ी ज़ालिम हैं यादें तुम्हारी।
जब भी आती हैं,
तबाह कर जाती हैं।

वह जो कहता था..
हस्ते रहा करो,
आज, रोता छोड़ गया।

बहुत कुछ है दिल में कहने को,
मगर अब....
लबों ने खामोशी इख्तियार करली।

चलाते हम आज भी हैं..
कलम कोहरे कागज़ पर,
मगर ना जाने क्यों..
अब स्याही साथ नहीं देती।

7. भाग - 5

एक उम्र है..
जो बितानी है उसके बगैर,
और एक लम्हा है..
जो मुझसे गुज़ारा नहीं जाता।
- गुलज़ार

बहुत कुछ है दिल में केहने को,
मगर ना जाने क्यों..
अब लबों ने खामोशी इख़्तियार करली।

चलाते हम आज भी हैं कलम कोहरे कागज़ पर,
मगर ना जाने क्यों..
अब स्याही साथ नहीं देती।

उपसंहार

कुछ समुंदर पाकर भी पियासे पड़े हैं,
और कुछ आज तक एक कतरे को तरस रहे हैं।

- मरयम रहमान